Buntes Allerlei

Rudolf Gerber

Herstellung: Books on Demand GmbH
ISBN 3-8311-3895-8

Buntes Allerlei

Bernkastel-Kues; Im Jahre 1999; Pfarrer Rudolf Gerber, Diplompädagoge.

Gottesbeweis

Wohl großer Denker aller Zeit,

Nicht mehr unter den Lebenden weilt.

Kant selbst sagt's wie ein Gebot,

Kann geben nur den einen Gott.

Denn ohne der Ursache Hand,

Überhauptnichts je stattfand.

Und wie ihr wohl alle wißt,

Von Nichts entstehet gar nichts.

Gotteserkenntnis
Ein Irrtum wie ihr wißt,

Gott nicht zu testen ist.

Zu finden niemals war,

Sonst wäre alles klar.

Denn Gott ist gar kein Gegenstand,

Ihn wägen bleibt wie unbekannt.

Begegnest Du ja nur,

Wenn persönlich Deine Spur.

Bei ehrfürchtig Gebet geschieht,

Dann Gott erst auf dich sieht.

Geben wird er dir zumal,

Nicht wenn du ihm befahl.

Drei Wege wie es heißt,

Wie sonst du niemals weißt.

Vom Urgrund letztlich kam,

Den Anfang er nur nahm.

Dann suchen, alles offen lassen,

Dazu die zweit' Person so fassen.

Die dir dann auch verkünd',

Ein Offenbarer es nur find'.

Die dritte der Person',

Dann letztlich in ihm wohn'.

Zur Vollendung führen kann,

Drum vertrau und sei nicht bang.

Kirche

Zwei Meinungen je bestehn:
Eine mit Amt und Würde.
Die and're Gottes Volk gesehn,
Und trägt auch deren Bürde.

Nicht von oben noch nach unten,
Menschheit kann je gesunden.
In allen ihren Stunden,
Wenn alle sind verbunden.

Gott schaut nicht auf die Person,
Er allein das Herz nur kennt,
Bevorzugt nicht Macht noch Thron,
Brüder und Schwestern er nennt.

Gewiß muß Leitung auch geschehn,
Verkünden, Lehren, Glauben vertieft.
Sonst kein Reich kann weiter bestehn,
In die Irre sehr bald lief.

Nicht herrschen dabei wird gesagt,
Dienen stets soll es sein.
Nach jedem wird noch gefragt,
Alle fühlen sich wie daheim.

Priesteramt

Zum kirchlichen Priesteramt,
Sind Männer allen wohlbekannt.
Apostel als Frauen sogar,
Nach Paulus Junias war. (Röm 16_{7})
Auch die Frauen einst am Grab,
Aposteln der Engel sagt.

Bei Johannes stehet drin, (Joh 4_{25})
Es gab eine Samariterin.
Die Kirche jedoch fordert,
Nur Männer sind beordert.

Auch andre Fraun zu zeigen,
Die Bibel kann aufweisen,
Aquila, Priscilla das Ehepaar, (1Kor 16_{19} u.a.)
Gemeinde in ihrem Hause war.
Unterwiesen in Ephesus bekannt,
Den Apollos der nicht verwandt.

Der Papst hingegen stellt dar,
Andere Texte sind wahr,
Alle Forscher werden verwiesen,
Wenn sie anderes je geschrieben.
Der Streit wird abgebrochen,
So hat letztlich Rom gespochen.

Erkenne die Dinge
Einst schätzt das Wesen sei wohl bekannt,

So wurde es schließlich auch genannt.

Das Einzelne hätte nichts darin,

In ihm stecke ja doch keinen Sinn.

Bei vielen Dingen man find',

Gemeinsames in ihnen sind.

Hätt' man das Wesen getroffen,

Man könnte auf Gott bald hoffen.

Den zweiten Versuch man hingestellt,

Subjekt-Objekt-Beziehung der Welt.

Zu lösen dafür wohl dachte,

Zählbar es sogar machte.

Ein dritter Versuch noch gab,

Zu lösen dann es erst vermag.

Nur wenn die Dinge sind bekannt,

Eine Formel selbst für diese fand.

Denn nicht durch Urteilen, Denken,

Gegenstände sich selber schenken.

Erst bewiesen müssen sie sein,

Kann forschen dann hinein.

Ohne jede echte Theorie,

Begriffe zu verstehen sind nie.

Mathematisch jede Formel gemacht,

Dann ist das Ergebnis auch erbracht.

Kostbare Kette

Frauen möchten gar sehr,

Für Schönheit die Kette tragen,

Männer dagegen mehr,

In Recht- und Glaubensfragen.

Jung und Alt

Junge Leut',

Haben wenig Zeit,

Aber nicht die Alten,

Lassen's ruhig walten.

Einsamkeit

Was nützt, daß man vieles weiß,

Nicht's hat sich mitzuteilen.

Bewegt sich wie im Kreis,

Allein' muß man verweilen.

Größer als alles Wissen,

Ist einander gut verstehn.

Kann dann sich gern begrüßen,

Treu miteinander gehn.

Steine

Einen Klumpen Gold einmal fand,

Gleich nahm ihn in die Hand.

Nun bin ich reich, hab so gemeint,

Doch war bald sehr enttäuscht.

Denn Katzengold an Farbe gleicht,

Ein Eisen- Schwefel- Bestand.

Für Kirmes und Antiquitäten reicht,

Dazu für jeglichen Tand.

Diamant

Der funkelnde Diamant aus Kohlenstoff,

Am teuersten wohl wird er sein.

Doch eines fehlt ihm unverhofft,

Er ist überhaupt kein Stein.

Alexandrit

Für Alexandrit such ein Angebot,

Zwei Farben er hell bricht.

Am Tag in grün, abends rot,

Wenn angezünd't ward Licht.

Saphir

Saphir als blauer Stein bekannt,

Aufstrahlt im Glanz ganz gelb,

Für diesen sodann niemand hält,

Padparadscha wird genannt.

Blumenreigen

Das Röslein zeigt den Frühling an,
Der Mai die Glöckchen weiset.
Den Sommer der rote Mohn gewann,
Der Herbst Weidrös'chen leidet.

Der Winter gar ein harter Mann,
Jed' Wiesenblümchen neidet,
Der Frühling auferwecken kann,
Eisblumen sogar meidet.

Männlich

Suchend, strebend sei der Mann,
Ein ganz erfülltes Leben dann.
Doch will er "ewig" leben,
Ist ihm noch was zu geben.
Das er nicht selbst vermag,
Den lieben langen Tag.

Muß gar nach "oben" schauen,
Einem "andern" fest vertrauen.
Bewußt wird ihm die Spur,
Die so zu finden nur.

Wenn er das gar wird meiden,
Will nur die Zeit vertreiben,
Ihm letztlich alles bricht,
Was er sich selbst verspricht.

Drum verbinde beide Ziele,
Es sind ja gar nicht viele,
Die ihm gegeben sind,
Und schließlich er auch find.

Dann bleibt das Lebensende,
Gelegt in seine Hände,
Wenn diese sind gefaltet,
Wie sehr sie auch gealtert.
Was ihn dann glücklich macht,
Gott über ihn gar wacht.

Fraulich

Frausein scheint sehr bang,
Ein ganzes Leben lang.
Hat stets sich anzulehnen,
Nach einem Herzen sehnen,
In dieser weiten Welt,
Dann ihr es wohl gefällt.

Hat sie das gar vernommen,
Zu Glück ist sie gekommen.
Weil doch ihr eigner Schoß,
Bestimmt zum Menschenlos.

Läßt dann zufrieden leben,
Viel wird dazu gegeben.
Geachtet alle Tag,
Bei noch so großer Plag.

Find't Freunde und Bekannte,
Viel' Fremde und Verwandte,
Ein jeder nach ihr fragt,
Wie sehr sie auch betagt.

Denn wer geschenkt das Leben,
Wird ewiglich bestehen,
Weil so wie Gott es tat,
Empfangen seinen Rat.
Darin ihm ähnlich gleicht,
Das Wunder sie erreicht.

Tierrisches

Ist dem Esel ja zu wohl,

Auf Eis will er gar sein.

Glaubt könne fliegen schon,

Bricht dabei sich das Bein.

Meinst für dich sei's gesund,

Bei Regen, Schnee gehst aus.

Fühlst dich wie ein Hund,

Bleib' deshalb doch zu Haus.

Die Katze läßt das Mausen nicht,

Machst dazu ein Gesicht.

Selbst ihr klug zusprichst,

Bleibt doch ein Bösewicht.

Das Schwein den schlechten Namen trägt,

Wie kann es anders sein?

Weil es sich überhaupt nicht pflegt,

Und deshalb ist unrein.

Auch wenn es alt geworden,

Und ist noch nicht gestorben.

Denn wie ihr alle wißt,

Es weiterhin viel frißt.

Gänse gar schnattern ständig,

Auch manche Leut sogar,

Bleiben nicht beständig,

So oft man sie auch sah.

Hühner flieh'n das Feuer,
So oft es angezündt.
Nicht ihnen ist geheuer,
Einen Ausweg nimmer findt.

Der Bär mit seinen Tatzen,
Zerschlägt gar jeden Zaun,
Vertilgt doch jeden Batzen,
Und retten kannst dich kaum.

Fliegen sind eine Plage,
Das kann ich dir vertraun.
Hör' was ich dir sage,
Und nicht auf deine Laun'.

Ein Spatz füllt gar die ganze Hand,
Doch bleib' dabei sehr wach.
Stets reicht es für dein Unterpfand,
Als eine Taube auf dem Dach.

Das Gurren der Taube innig macht,
Melancholisch noch dazu.
Paß auf, sonst wirst du ausgelacht,
Verlierst gar deine Ruh'.

Ein Pferd hat eine schön Gestalt,
Üb' doch dabei viel Vorsicht.
Es feste in den Zügeln halt,
Damit es dich nicht trifft.

Die Spinne ist ein häßlich Tier,

Erschreck nicht, kann ja nichts dafür.

Hat lange Beine, deren sechs,

Frißt Mücken in ihrem Netz.

Die Schnecke kommt gekrochen,

Schon fühlst du dich betroffen,

Von ihrem dicken Schleim,

Trete du nur nicht hinein.

Meckern tut die Geiß,

Da nie sie etwas weiß.

Kannst Milch von ihr gar haben,

Wird doch nicht etwas sagen.

Eine dicke Schlang',

Die macht dir bang.

Drum sag ich dir,

Öff' nic dic Tür.

Glaubst wär ein Ringelnatz,

Hör' drauf, wie du sagst,

Zieh' keine breite Fratz,

Hinterher du sonst klagst.

Jedem Aff',

Du bist baff.

Gefällt sein Kapp',

Und nicht zu knapp.

Nachdenkliches

Wer sagt mir was ich falsch gemacht,
Kann tuen was ich will.
Selbst wer sogar darüber lacht,
Es spricht doch sein Gefühl.

Mal sagt's, ist recht und manchmal schlecht,
Kann machen nichts dagegen.
Wohl ist es auch das allerbest,
Damit sich nicht anlegen.

Manche meinen Gott hat es gesagt,
Viele zweifeln ganz dagegen.
Kein Mensch es jemals wohl errat,
Was schließlich es gewesen.

Wie es auch sei, ist einerlei,
Dran halten mußt dich doch.
Sonst bricht dir gar das Herz entzwei,
Und unzufrieden bist du noch.

Schamgefühl

Heut lacht man aus, was schamhaft ist,
Banause er noch sei.
Belächelt was Ehr und Würde spricht,
Glaubt wahrhaft sei doch frei.

Viel gelten will er alle Tag',
Und meint man sei doch wer,
Dann muß man auch dem and'ren gar,
Zubilligen noch viel mehr.

Vorurteil

Manch' glauben, gar alles wissen,
Voreilig ihr Urteil ist.
Doch lassen große Kenntnis missen,
Vorschnell du jeweils bist.

Nicht auf den Grund der Dinge gehen,
Was immer mag gescheh'n.
Nur eigne Meinung seh'n,
Das ist auch sehr bequem.

Nie hören woll'n auf guten Rat,
Wie sehr er auch mag sein.
Weiß nie wie's Gott gefüget hat,
Zur Tiefe dringt nicht hinein,

Wird deshalb kaum rechtes finden,
Selbst and're übersehn.
Drum wird auch ihnen nichts gelingen,
Werden immer leer ausgehn.

Fern- Heim- Weh

Heimweh gar ein jeder kennt,
Erinnert an Mutter und Vater.
Einen jeden hin zur Kindheit lenkt,
Das ist sein wahrer Berater.

Doch Fernweh später hat ereilt,
Im Leben erst hineinkam,
Vergangen längst die Kinderzeit,
In die Weite willst du dann.

Woher wohl beide Gefühle kommen,
Nachdenklich man sich gar fragt.
Was jeder tief im Herzen vernommen,
Und ihn so wehmütig macht.

Im Schoße wahrer Geborgenheit,
Verloren sie bereits war.
Die Sehnsucht nach der Ewigkeit,
Wenn Leben längst geschah.

Space night

Nächtliche Strahlen umhüllen,
Endlose Weite ausfüllen.
Spiralnebel, Sternenhaufen,
Unendlichkeit erkaufen.

Mantel mit Geweben,
Sichel und Löcher bestehen.
Fast eine fremde Welt,
Umgeben vom Sternenzelt.

Sag an, wer kann das fassen?
Soll das All' einst Leben lassen?
Endlichkeit bleibt angesagt,
In Ewigkeit sei's geklagt.

Träum hinein in Gottes Welt,
Unendlich Größe mir gefällt.
Nicht Kälte noch grausame Zeit,
Geborgen in Ewigkeit.

Gottesmutter (Maria Himmelfahrt 1999)

Mutter Natur ist doch sehr wichtig,
In unsrer neuen Zeit.
Mutter Gottes gar unwichtig,
Entfernt von uns zu weit.

Statt beide loben und beehren,
Nach oben auch hinkehren.
Dann ganze Fülle ward,
Bei Tag und auch bei Nacht.

Maria mit dem Sohn,
Den sie geboren schon.
Bei ihr auch du verweile,
In aller deiner Eile.

Doch feiern sie und beten,
Zu ihr wir stets hingehen.
Am auserwählten Tag,
So sie es wohl recht mag.

Tinnitus

Ein Rauschen in der Nacht,

Davon bin aufgewacht.

Jahrzehnte schon der Ton,

Kriegs Winter war der Lohn.

Und höret er dann auf,

Dann warte gar darauf.

So ich ihn hör, darauf nun schwör,

Mein Leben gehet weiter,

Bin da und bleibe heiter.

Elixier

Wenn schlau du bist geworden,

Kommt ja nach allergrößter Not,

Am End' sogar der bittre Tod.

Oder gibt es einen Morgen?

Wie könnt es anders sein?

Wenn Hoffnung nicht gegeben,

Du wolltest gar nicht leben.

Alles wäre nur ein Schein.

Es ist der Hoffnung Zuversicht,

Selbst wenn dir das genommen,

Was einmal hast bekommen.

Und Erdenleben bricht.

Den Anfang hast gewonnen,

Nicht nur die gläubig Frommen.

Daß "ewig" du kannst leben,

So ward es dir gegeben.

Erdbeben (Türkei 18.8.1999)

Bin ganz davon betroffen,
Ereignet in unsern Tagen.
Doch Menschen immer hoffen,
Wohin wollt nun hinfahren.

Bei Türken so viel Trauer,
Vom Unglück mancher sagt.
Überkommt mich wie ein Schauer,
Gott sei es auch geklagt.

Kann Schicksal nicht verstehen,
Wie so was ist geschehen.
Niemand wird's abwenden,
Es liegt in Gottes Händen.

Sonnenfinsternis (11.8.1999)

Die schwarze Sonne,

Ohn' ihre Wonne,

Am grauen Himmel steht.

Der Mond als dunkle Scheibe,

Ganz kurz er nur verweile,

Die Welt in tiefen Schatten legt.

Hat Anschein wie ein Wunder,

Für manche gar bracht' Kund Er.

Wer kann das je erfassen?

Wir werden es hinnehmen,

Wie unser ganzes Leben,

In kalten, engen Staßen.

Wie ist das zu verstehen?

Im Augenblick vergehen.

Nicht merken was uns hält.

Ist Ende schon gekommen,

Fühl'n uns noch ganz benommen,

In dieser schwarzen Welt.

Nur kurz scheint diese Dauer,

Überkommt uns wie ein Schauer.

Hoffen schon auf neues Licht.

Pflanz' und Tier' geh'n schlafen,

Nur Menschen heller wachen,

Ein neuer Tag sogar anbricht.

Cursus Veteranorum Belli K_1

Triumviratus Pro Praeparatione

Diei Festi Quinquagesimi

Grüß alle die mit mir waren,

K_1ler in jenen Tagen.

Zum 50. sich wiederholt,

Was damals wir gewollt.

Die Wege anders blieben,

Manche sind gar verschieden.

So jetzt beim Rückschau'n,

Daran uns sehr erbau'n.

Dank' für die schön' Einladung,

Bei dieser festlich Tagung.

Kann leider garnicht kommen,

Zähl' dennoch zu den "Frommen".

In Versen ward's geschrieben,

Und damit "boom" geblieben.

Erfahrung

Best' Meisterin im Leben,

Erfahrung ist gewesen.

Nicht urteilt wie ihr wißt,

Allein' zu durchstehen ist.

Kann' nicht auf guten Rat,

Verweisen immerzu.

Noch auf and'rer Tat,

Heißt ständig, selber tu.

Selbst wenn's geht daneben,

Muß tragen es im Leben.

Nicht and're schieb in Schuh',

Nur dich selber trifft's im Nu.

Begriffe

Begriffe sind wie Bilder,

Nicht Wirklichkeit kehrt wieder.

Hinweis sind sie noch,

Dasein fehlt ihnen doch.

Dichter

Arm ist ein Mann,

Der was dichten kann.

Mit Worten und mit Sätzen,

Muß sich auseinandersetzen.

Personen und Geschehen,

Von Ferne nur darf sehen.

Tritt nie Verbindung ein,

Deshalb ist stets allein.

Denker

Ist ähnlich wie ein Dichter,

Hat aber gar kein' Gesichter.

Ideen und Gedanken nur,

Alleine sind auf seiner Spur.

Ob damit ihm gegeben,

Anschauung oder Leben?

Nie zu beweisen wagt,

Nur wenn es wirklich ward.

Einheitsdenken

Backe, backe Kuchen,
Heute Menschen rufen.
Nicht jeder wird ihn haben,
Um sich daran zu laben.

Wie kann man diesen backen?
Ohne daß sie etwas hatten?
Zuerst muß man bekommen,
Der Anfang ist begonnen.

Mit allem, was dir ward,
Wird's je nach deiner Art.
Den Einsatz mußt du wagen,
Fange nicht an zu fragen.

Vergeß' nicht was du erhalten,
Kannst nicht schalt' und walten.
Besinn dich, und nicht wank,
Dann sage auch noch Dank.

Weisheit

Die Weisheit ist im Leben,

Nicht schicksalhaft gegeben.

Hoffen und Vertrauen,

Nur so ist sie zu schauen.

Nicht blindlinks ist zu sehn,

Nur suchend kannst verstehn.

Auf den Grund der Dinge blick,

Find'st dann zu ihr zurück.

Nicht selber darfst dich schätzen,

Je andere nie verletzen.

Ehrfurcht vor allem bewahr,

Ew'ges dann in dir geschah.

Bewährtes

Was lange währt,

Wird endlich gut.

So wird gelehrt,

Drum fasse Mut.

Kunst

Die Kunst sei so gestalt',

Ein jeder kann versteh'n.

Was schön ist sie enthalt,

Nie soll verloren geh'n.

Einen tiefen Sinn enthält,

Nicht oberflächlich seh'n.

Gesamtes Bild der Welt,

Nie abseits darf besteh'n.

Erheben jeden Mensch,

Staunen lösen aus.

Unbegreifliches ergänz',

Abzulesen alles daraus.

Identität

Luther find' gerechten Gott,
Überwunden aus aller Not.
Beim heut'gen Menschen, Gott ist Tod,
Seine Identität gänzlich aus allem Lot.

'Drum mußt dich selber finden,
Nur so kannst überwinden.
Weißt wo du hingewest,
Alle Probleme sind gelöst.

'Kein Mythos weiterhilft,
Von außen bleibst bestimmt.
So sehr du dieses wünschst,
Dein Inneres nichts gewinnt.

'Das Leben selbst aufbau',
Mit Innerlichkeit, voll Vertrau'.
Dann wird dir auch geschenkt,
Auch deine Weg' gelenkt.

'Vergeude nicht dein Leben,
Durch Zerstreuung, schönes Spiel.
Es ist dir bereits gegeben,
Unendlich gar sehr viel.

'Selbst Not und jede Plag,

Krankheit, Tod ja Ungemach.

Dir nie kann dieses nehmen,

Identität wird ewig leben.

'Den Einsatz immer wag',

Ihn nichtmehr lang vertag'.

Wenn's auch gar wenig wär,

Dennoch tu's gar sehr.

Der Anfang schon bestimmt,

Nur so das End' gewinnt.

Kannst machen nichts dagegen,

Mußt stets es auf dich nehmen.

Gefahr

Wer sich gar in Gefahr begibt,

Sehr leicht kommt darin um.

Mit off'nem Auge deshalb blick,

Geh' einfach drum herum.

Schicksalhaftes

'Das tiefgründig Schicksalhafte,

Tagtäglich dich erreicht.

Die große Frage: warte?

Tag und Nacht gar umschleicht.

'So sehr ist alles Leben,

Gegeben dir zumal.

Wie kann man es bestehen,

Ohn' allerletzte Qual?

'Hoffnung und Vertrauen,

Gelegt in deinen Schoß.

Darauf darfst du bauen,

Sie sind unendlich groß.

'Noch eines recht bestehen,

Dich innerlich sehr trifft.

Was einmal wird geschehen,

Wenn dir das Leben bricht.

'Beantwort' diese Frage,

Nimmer schiebe sie zur Seit'.

Sonst wird sie eine Plage,

Mit Ängsten und mit Leid.

'Als Mensch bist sehr betroffen,

Wie Feuer angefacht.

Nur eines gilt: mußt hoffen,

Dann hast du es geschafft.

Mystisches

Nicht gegenständlich Erkennen,
Tiefreligiöses nimmer sei.
Ohn' Worte zu benennen,
Vom Irdischen bleibt ganz frei.

Kein Traum kann dazu führen,
Noch Vorstellung nimmt dran teil.
Muß ganz den Mensch' anrühren,
Ohn' Schwärmen es nur weil'.

Weder Wünschen noch Ausdenken,
Sehnsüchte stets vermeid'.
Ein and'rer muß es lenken,
Deshalb sei stets bereit.

In Meditation nur geschieht,
Was nie du je geahnt.
Erfüllt mit Glück und Fried,
Das sei dir noch gesagt.

Dein Suchen nach Urgrund,
Persönlich nur bekannt.
Fühlst dich wie ganz gesund,
Und nicht als seist verbannt.

Wenn dann wird offenbar,

Was du selbst nie geahnt.

So manches ist dir klar,

Auch wenn es nicht geplant.

Bedrängte Ängst' und Last,

Umgewandelt wird zur Freud.

Die du verspüret hast,

Dich niemals je bereut.

Sei deshalb ganz zufrieden,

Daß Mensch du bist für wahr.

Wenn dir geschah hienieden,

Das stets dein Leben war.

Selbst End dir ist beschieden,

Nimm hin aus seiner Hand.

Er ewig wird dich lieben,

Das ist sein Unterpfand.

Kirchengesetze

Theokratie einst angesagt,
Levitenstamm zu Priestern ward.
Das Volk als Gemeinschaft stark,
Ein jeder nach Glauben gefragt.

Heute Leitung hierarchisch ist,
Wird ganz nach oben ausgericht.
Ausschließlich Leistung gewählt,
Was nun für den Glauben zählt.

Dagegen muß demokratisch bestellt,
Weil doch bestimmt zu ordnen die Welt.
Jed' Partei eigenes Programm enthält,
Wofür ein jeder wird frei gewählt.

Menschenrechte sollen immer bestehn,
Niemals dürfen verlorengehn.
Grundgebote hier auf Erden,
Müssen stets gehalten werden.

Erkenntnis

Die Sprache, Platon festgestellt,
Ist Dialog der Seele.
Zugang find' zur wahren Welt,
Wenn diese sich erhebe.

Aristoteles urteilt nach Eindruck,
Die Sinne sind gebannt.
Zu verknüpfen den Ausdruck,
Begriffe symbolisch genannt.

Wie ein "Zirkel des Verstehen",
Ontologisch verankert sein muß.
Wird sonst in die Irre gehen,
Kommt nicht zum richt'gen Schluß.

St. Wendeler Urkunden

(In Reimen gebunden)

Name und Einwohner (Bd. 25)

Das Dorf Wendelins Kirchhof,
So war es einst genannt.
Ganz klein und nicht sehr groß,
St. Wendel unbekannt.
'Die Hälfte im Dorf bezeichnet,
Dreiunddreißig Häuser waren. (6.5.1326)
Von Johann von Kirkel geleitet,
Dem Bischof Balduin übertragen.
'Zuvor gehörte nach Metz,
Nicht zur Kirche nach Trier.
Gemäß örtlichem Gesetz,
Fremde Diözese war hier.
'Diese Summe mit 4 1/2 vervielfältig',
Sind alle Personen gewählt.
Nur so die Anzahl bewältigt,
297 Einwohner gezählt.
'Der Ort hat älteren Namen,
Wird Basenvillare genannt.
Aus Verduns Unterlagen,
Geschrieben von Berthars Hand. (916/917)
'Der Priester und Kaplan,
Des Bischof Dado Verdunensis.
Damals Trier war untertan,
Erzbischof Ruotger Treverensis.

Bruderschaften

Die ältest' der Bruderschaften,
Bereits 1310 genannt. (US2)
St. Wendel hoch zu achten,
Ist diese schon bekannt.

Auch ist noch zu nennen,
Die Schuhmacherzunft. (1391)
Gründer Hermann Lauwer kennen,
Gibt "christliche Übung" kund.

Als erricht die Schneiderzunft,
Schrieb man: Es sei gescheh'n. (1441)
Das ist ihr Hauptbefund,
Zum Nutz' für Kirch zu seh'n.

Auch die der Karcher wohl,
Beginnt zur gleichen Zeit.
Den Handwerkern zum Wohl,
Für Fleiß und Ehrlichkeit.

1514 Brüder der Ackersleut,
Sich all' zusammenfinden.
In Eintracht stets bereit,
Gegenseitig zu Hilf' verbinden.

Noch früher 1441 Bruderschaft,
Sebastianus wird genannt.
Schulmeister Molitor sagt,
Aus Verzeichnis 1613 bekannt.

Diesen Brüdern vorzusteh'n,
Meister wird, dann sei.
Nicht lügen, fluchen, schwören,
Frieden stifte er dabei.

Spital und Schule (US34) 1415

Drei Brudermeister dieser Stadt,
Werner Lecker und Hans Smyt.
Der Schultheiß Jakob Base ward,
Verpachtungen vergibt.

An Clas von Baltersweiler gar,
Bei der langen Brück' das Wendelshaus,
Sechs Pfund Heller zu zahlen war,
Mit Wiesen, Äcker und Büsch darauf.

Verpflichtet ist zugleich,
Stroh für die Kranken hinzulegen.
Das Haus zudem noch heiz',
Daß besser wieder sie genesen.

Oberes Stockwerk für Schule sei,
Das wird noch aufgetragen.
Muß ständig halten frei,
An allen diesen Tagen.

Doch Clas dem muß zustimmen,
Für zwei Jahre reicht die Pacht.
Nur dann kann Schul' beginnen,
Zum Abschluß dann gebracht.

Cusanus (US57)

Es war in den Novembertagen,
Legat vom Apostolischen Stuhl.
Graue Nebel über Deutschland jagen,
Verordnungen Cusanus tun.

Pfarrer von St. Wendel er war,
An der Wallfahrtskirche bekannt.
Gute Pfründe erhielt sogar,
In aller Welt wurde genannt.

Mir ist zu Ohren gekommen,
Zumal im Trierischen Land.
Priester sind's die Frommen,
Wie ich zu hören fand.

Mit Frauen zusammenleben,
Seien nicht im Priesterstand.
[Dem Wein sich gar ergeben,]
Als wär'n sie dafür gesandt.

Haben Geliebte fortzuschicken,
Unwiderruflich ist's gesagt.
Sich vergangen in den Sitten,
Werden deshalb angeklagt.

Wenn nicht gehorchen dem Befehl,
Verlieren Einkünft' und Stand.
Keine Messe darf mehr gescheh'n,
Bleiben ewiglich verbannt.

Die Frauen werden streng ermahnt,
Innerhalb von diesen drei Tagen.
Durch Exkommunikation bestraft,
Sündhaft Verhältnis nicht aufgaben.

Die Absolution kann nur erhalten,
Wer selbst beim Kardinal beicht.
Er allein diese Sünde verwalten,
Ob schwer oder auch ob leicht.

Am 6.11.1451 es war,
Geschrieben in aller Hast.
Das an der Schrift man sah,
Vom Sekretär Paulus Kaschk.

Der zerbrochene Sarg (US110/111)

Zum Wendelsfest der Stadt,
Kathedrale von Gläub'gen gefüllt.
Groß Verehrung fand dort statt,
Der Heil'ge im Schrein verhüllt

Wie fast vor fünfhundert Jahr,
Noch heute Pilger kommen.
Seltsames damals geschah,
Zum Heile aller Frommen.

Zu verehr'n den Schutzpatron,
Der behütet Volk und Land.
Lange Zeiten schon darin wohn',
In vielen Ländern bekannt.

Vergang'nen Pfingsten 1506,
Die Pilger zur Kirch' stömt hinein.
Ein jeder, wie ich schätz',
Berühren wollt' den Schrein.

Da zerbrach der hölzern' Sarg,
Kein Frevel sollt' es sein.
Erdrückt von Glauben arg,
Zu sehen sein' Gebein.

Betroffen die Beter weichen,
Niemand hätt' das je gewagt.
Zu berühren dieses Zeichen,
Das sei zur Freud' gesagt.

Erzbischof Jakob von Trier,
Gab dieses mitzuteilen:
Verordnet, bald möglichst hier,
Neuer Schrein, sei einzuweihen.

Zuvor in zerbrochnen Trümmern,
Auf einem Brett gelegen.
Einen Sarkophag zu zimmern,
Unberührt Gebeine hegen.

Der Körper des Heiligen ward,
Ganz unversehrt zu seh'n.
Das Gehäuse nur zerbrach,
Ein „Wunder“ war gescheh'n.

Wendelinus (US66/67)

In bedeutender Kopie,
Vom 18. Jahrhundert.
Zu finden dort und sieh',
St. Wendel wird bewundert.

Generalvikar des Bischofs Robert war,
Von Dumblay in Schottland.
Bezeugt ganz offenbar,
Was über Wendelinus vorfand.

Sein Leben und sein Werken,
Mit Chronik hat belegt.
Eindeutig auch zu merken,
Noch heute hochverehrt.

Sohn des berühmten Königs,
Der einst von Schottland war.
Bis zum 20. seines Lebens,
Ein vollkommen Leben sah',

In Tugenden sich auszuzeichnen,
Heimlich Vater verlassen hätt'.
Heilige Stätten zu erreich en,
Nach Rom zu pilgern tät.

Vergänglichkeit aufzuzeigen,

Eitel alles irdisch sah'.

Zu entkommen meinte,

Ein ew'ger Pilger war.

Bestätigung der Urkunden,

Auch Kirchenrechnung klar.

Darin vom 7.1.1465 gefunden,

Unterzeichner: Durchdenwalt war.

Auf Landeshauptarchiv,

Zu Koblenz Nr. 1 C 12601.

Sei besonders hingewies',

Bestätigt hat so sei's.

Verschollene Spenden (US72)

Als Johannes, Erzbischof von Trier, (1456-1503)
Kanzler des ganzen Reiches.
An alle Pfarrer, Rektor von hier,
Nicht ereignet hat ein gleiches.

Das Unkraut muß vom Acker,
Vertilgt werden allzumal.
Erklärt er laut und wacker,
Es bleibt keine andre Wahl.

Sonst keine Saat kann wachsen,
Gewünschte Früchte tragen.
Erhalten keinen Batzen,
In diesen uns'ren Tagen.

Dem Bischof zugetragen,
Einige Boten nicht scheun.
Die Kollekten sammeln,
Und diese veruntreun.

Es bleibt groß Schuld der Seele,
Selbst wenn sie dies' bereun.
Muß geben neu Befehle,
Im trierrisch Land umstreun.

Rechtschaffenen Mann benennen,
Der durch die Land' und Weg',
Zu sammeln Gottes Spenden,
In Sankt Wendel hinterleg'.

Der Schaden ist beträchtlich,
Für Wallfahrtskirch' geschehen.
Deshalb so verächtlich,
Von frommen Gläubigen gewesen.

Verordnungen (A63) 1608

'In St. Wendel nur aufgenommen,
Wer einen Geburtsbrief vorlegt.
Den katholischen Glauben gewonnen,
Ein Handwerk recht versteht.

'Untadelig muß er sein,
Ehrliches Herkommen haben.
Kapital 60 R Anteil,
Sechs Thaler hat zu zahlen.

'Freie Bewilligung vorlegt,
Die sein Herr vergeben.
Wo ehemals er gelebt,
Kann dann den Eid belegen.

'Nach Glockenläut abends neun,
Niemand im Gasthaus treffen.
Ohne Licht auf Straße sein,
Mit Strafe hat zu rechnen.

'Wer Eigentum in Scherben,
Diebstahl sogar begehen.
Im Turm ist einzusperren,
Mit Halseisen zu versehen.

'In gar sehr schweren Fällen,
Verliert sein Bürgerrecht.
Verbannung muß er wählen,
Geschehen soll's ihm schlecht.

In geringeren Verbrechen,

Mit 6 alb bis 2 Gulden bestraft.

Ein jeder hat damit zu rechnen,

Zur Abschreck wird's gesagt.

'Alle Glückspiele sind verboten,

Jeder abgabepflichtig ist.

Gotteslästerungen wollten,

Ein Maß Wein ahnden müßt.

'Wer jagd oder Fische fängt,

Muß zwanzig Thaler zahlen.

Das wird für alle verhängt,

An allen Jahrestagen.

'Für Hochzeit, Veranstalten,

Erlaubnis ist einzuholen.

Kaufabschlüsse nur zu walten,

Herrschaft und Gericht befohlen.

'Ohn' Erlaubnis weiden an Bächen,

Mit fünf R wird bestraft.

Wiesen, Felder, bebaute Flächen,

Zu befahren wird untersagt.

'Falsch' Gewicht verwendet wer,

Dem 6 alb verhänget wird.

Für Wirte, Metzger, Bäcker,

Bis zu viereinhalb R führt.

'Auf Polizeiverordnung 1608 (A65)
Zumal an den Kindtaufen.
Aufmerksam wird gemacht,
Vorrecht der Hebamm abgeschafft.
'Nach Geburt des Kindes der Brauch,
Übergeben Suppe, Käse, Brot, Maß Wein.
Darf bestehen weiterhin auch,
Unkosten selbst zu tragen sei'n.
'Von den Paten in der Kirche Geld,
Nach der Taufe zu entrichten.
Nicht höher wie zwölf alb enthält,
Ist nur erlaubt zu stiften.
Bei Hochzeiten keine Morgensuppe,
Auch nicht ein Abendessen.
Für irgendeine Gruppe,
Nur Besuch bekommt statt dessen.
'Aussteuer darf man schenken,
Kindbettbesuch von Bekannten.
Nur Verwandte sind zu senden.
Ab heute nicht mehr stattfanden.
'Das Hochzeitsmahl findet ab elf statt,
Mit dem Vesperläuten wird enden.
Die Festgesellschaft gestöret hat,
Muß eineinhalben Gulden spenden.

Vergessene Güte (Bd.1.1618-1648)

Fünf Jahr' vorm großen Krieg,
Der sogar dreißig tobte.
Sebastian auf Knien liegt,
Als Altarist er gelobte.
'Vorm Altar Maria's Güt,
In dieser schweren Zeit.
Daß ständig ihn behüt',
Für Menschen sei bereit.
'An Köln's Universität,
Zwei Jahre hat studiert.
Altaristenstell' erhält,
Mit bestanden absolviert.
'Zur ersten Mess' beschenkt,
Herr Bast mit Faß voll Wein,
Die Heimat ihn ja kennt,
Volkstümlich er doch sei.
'Sein Vater Peter Lauwer,
Bruder Michael, Georg war.
Seine Schwester die Maria,
Den Haushalt führt' sogar.
'Einen ländlichen Betrieb,
Den er sein Eigen nennt.
Mit zehn Kühn und and'rem Vieh,
Nahe bei der Kapell' erwähnt.

'In der Woche zwei Mal,
Messe feierlich erklingt.
Zur Mutter Gottes für all',
Täglich die Vesper singt.
'Nach zwei bis drei Jahren,
In die Bruderschaft trat ein.
Bei Schuhmacherzunft zu tagen,
Ebenso gewesen sei.
'Doch was so sehr geschworen,
Für Volk und Land stet's sei.
Im Krieg fast alles verloren,
Weil Armen stand immer bei.
'Aushelfen tat dem Pfarrer,
Für Bruder Zoly sich macht frei.
Vielen Familien gab er,
Der Stadt spendet Geld dabei.
'Kriegslasten mit zu tragen,
Einkaufen Pulver, Blei.
Angriff' feindlicher Soldaten,
Abzuwehren ständig sei.
'Durchzüge mancher Truppen,
Holsteinsche, Union es war.
Kriegsgeräte, Mauern, Schuppen,
Zerstört sind ganz und gar.
'Die Stadtrechnung aufzählt,
Was er zur Verfügung stellt.

Herr Basten's gutes Geld,

Über 129 Thaler zählt.

'Hauptmann Heintzen 5 überwiesen,

Für Obrist Haßlang 20 geliehen.

Wachtmeister Groonder verkauft sein Pferd,

Fünfzig Thaler war der Wert.

'Den Reitscheider Vieh eingelöst,

Für 10 Thaler hat verschrieben.

Wegen des Amtes, weil's arm gewest,

Den Roßberger 36 verblieben.

'General Magelotti Quartier gemacht,

Den Hirtenlohn von vier Jahren ab.

336 geben mußten, 140 von Bast.

Noch zehn, weil nach Metz begab.

'Für Zinsen nach Trier,

Zwanzig Thaler gab dafür.

Neuneinhalb für die Stadt,

Er noch geliehen hat.

'Viele Jahre er verzicht',

Auf seine Einkunft Pflicht.

So ist vergessene Güte,

Vor der uns Gott behüte.

'Sein Grab ganz verschollen,

Wege darauf gepflastert sind.

Doch Güte ständig zollen,

Für Ewiges auch bestimmt.

Predigt (US132) 1658/60

'Pastor Bartholomäus Weiler,
Für Frühmess' verkünd'.
Echt kirchlicher Grundpfeiler,
Schwache, Mägde, Fremde vorfind.
'Beim Glockengeläute,
Nur einer zu Hause bleibe.
Alle zum Gottesdienst eilen,
Die Zender sonst anzeige.
'Die Männer gehen nach Rang,
Zuerst zur Kommunionbank.
Danach erst Frau'n und Mädchen,
Gar züchtig sich betät'gen.
'Kartenspiel ist bei Strafen,
Mit zwei Gulden zu bezahlen.
Auch Kinder von 7 - 9 Jahren,
Zur Kirche zu kommen haben.
'Die groß' Hunde mitbringen,
Diese Henker zu verdingen.
In schöner Maiennacht,
Getrennt die Jugend lacht.
'Glückspiel um Geld verboten,
Da Fluch und Zank vollzogen.
Der Zender drüber wacht,
Bei Tag und bei Nacht.

Wendelinus geseh'n (US153)

'Groß' Verehrung fand statt,

Wendelinus ward geseh'n.

Sechsmal in dieser Stadt,

Nach Dokument gescheh'n

'Zumal im Jahr 1506,

Zerbrochen war der Sarg.

Dann später wie ich schätz',

Noch fünfe Male ihn barg.

'Auf einer Tafel aus Blei,

1506, 1699, 1739 geschrieben.

Auch Jahre 1762, 1781 dabei,

Vorletzt' recht' Ripp' behielten.

'Nach Tholey hingekommen,

Mönche besonders verehr'n.

In ihre Mitte genommen,

Daß stündlich sich bewähr'n.

'Doch weil der Schrein zerfiel,

Zerbrochen war sehr alt.

Kunstvoll im gotisch' Stil,

Ein Reliquiar gestalt.

'Bischof Korum noch entnommen, (1896)

Die voretzt' linke Ripp'.

Verschenkte ganz Frommen,

Für Kirchen sie vergib.

Basilika (US155) (1960)

Papst Johannes XXIII. die Pfarrkirch' erhob,
Da Zierde des Saarlandes sei.
Zur Basilika, bei Gott gelob;
Denkmal der Frömmigkeit weih'.

Ihr Bau im 14. Jahrhundert begann,
Durch Erzbischof Balduin.
Nach hundert Jahren Vollendung gewann,
In erbauendem, spätgotischem Stil.

In der Kirche ein prächtiger Schrein,
Den die Gläubigen sehr verehr'n.
Wendelinus bewahren Gebein,
In Demut zum Glauben bekehr' n.

Zahlreiche Pilger strömen hinein,
Zumal am Fest Wendelin. (23.10.)
Basilika soll sie doch sein,
Bischof Wehr hatte im Sinn.

Rudolf Gerber

Grimms Märchen in Gedicht, Band I, 2001, 184 Seiten
Grimms Märchen in Gedicht, Band II, 2001, 178 Seiten
Grimms Märchen in Gedicht, Band III, 2001, ISBN 3-8311-2839-1, 254 Seiten
Geschichte & Gesichte, 2001, ISBN 3-8311-2537-6, 88 Seiten
Philosophisches und Politisches in Gedicht, 2001, ISBN 3-8311-2699-2, 56 Seiten
Mystik, 2001, 84 Seiten
Geistige Strukturen, 2001, ISBN 3-8311-2637-2, 54 Seiten
Wegweisender Jesus, 2001, ISBN 3-8311-2840-5, 52 Seiten
Bibel für jeden (in Reimen zu lesen), 2001, ISBN 3-8311-2857-X, 94 Seiten
Fabeln (in Reimform), 2001, ISBN 3-8311-2838-3, 74 Seiten
Balladen, 2001, ISBN 3-8311-2536-8, 78 Seiten
Kosmos & Vision, 2001, ISBN 3-8311-3481-2, 50 Seiten
Apokalyptische Steine, 2002, ISBN 3-8311-3314-X, 65 Seiten
Apokalyptische Steine nach Plinius und heute, 2002, ISBN 3-8311-3503-7, 56 S.
Heinrich Heine in Gedicht, 2002, ISBN 3-8311-3694-7, 50 Seiten

Vergriffene Schriften:

Bd.1. Sebastian Cerdo: St. Wendel z.Zt.des 30-jährigen Krieges, 1989², 86 Seiten.
Bd.2. Die Einwohner von St. Wendel vor dem 30-jährigen Krieg, 1990, 177 Seiten.
Bd.3. Listen, Register, Verzeichnisse vor 1700, 1990, 184 Seiten.
Bd.4. Die Einwohner von St. Wendel z.Zt.des 30-jährigen Krieges (St.A.), 1990, 177 Seiten.
Bd.5. Die Einwohner von St. Wendel von 1648 - 1700 (St.A.), 1990, 188 Seiten.
Bd.6. Ergänzungen: Einwohner von St. Wendel nach den Pfarrbüchern (PfB), 1990, 188 Seiten.
Bd.7. Die Einwohner von St. Wendel vom Ursprung bis 1500. 1990, 158 Seiten.
Bd.8. Die Einwohner von St. Wendel im 16. Jahrhundert, 1990, 158 Seiten.
Bd.9. Die Einwohner von St. Wendel ab 1700 bis 1750 (St.A.), 1991, 184 Seiten.
Bd.10. Die Einwohner von St. Wendel ab 1750 bis 1770 (St.A.), 1991, 223 Seiten.
Bd.11. Die Einwohner von St. Wendel ab 1770 bis 1780 (St.A.), 1991, 139 Seiten.
Bd.12. "Ahnen" der Familie Gerber, 1991, 80 Seiten.
Bd.13. Die Einwohner von St. Wendel ab 1780 bis 1790 (St.A.), 1991, 118 Seiten.
Bd.14. Listen des Amtes St. Wendel von 1600 bis 1800 (St.A.), 1991, 135 Seiten.
Bd.15. Listen, Register, Verzeichnisse von 1700 bis 1800 (St.A.)1991, 140 Seiten.
Bd.16. Urkunden von St. Wendel aus dem 16. bis 18. Jahrh., (LHAKoblenz), 1991, 86 Seiten.
Bd.17. Stadt- und Pfarrgeschichte St. Wendel bis Mitte des 16. Jahrh., 1991, 50 Seiten.
Bd.18. St. Wendel am Vorabend des 30-jährigen Krieges u. ähnl. Städte, 1992, 140 Seiten.
Bd.19. St. Wendel am Vorabend des 30-jährigen Krieges u. Saarl. Städte, 1992, 188 Seiten.
Bd.20. Die wirtschaftliche Lage und die soziale Not von St. Wendel um 1600. 1992, 170 Seiten.
Bd.21. "Alte Lagerbücher" von St. Wendel I. Band, 1992, 185 Seiten.
Bd.22. "Neues Lagerbuch" von St. Wendel Teil I.(A), 1992, 187 Seiten.
Bd.23. "Neues Lagerbuch" von St. Wendel Teil II.(B), 1992, 220 Seiten.
Bd.24. "Specialcharte" über den Bann von St. Wendel, 1992, 100 Seiten.
Bd.25. Alte Urkunden von St. Wendel ab 630 bis 1461, 1993, 161 Seiten.
Bd.26. Kriegsschicksal der Familie Johannes Gerber, Hostenbach, 1993, ~100 Seiten.
Bd.27. Urkundensammlung (US) PfA St. Wendel von 1304 - 1417, 1993, 80 Seiten.
Bd.28. Urkundensammlung (US) PfA St. Wendel von 1418 - 1477, 1993, 80 Seiten.
Bd.29. Urkundensammlung (US) PfA St. Wendel von 1477 - 1506, 1993, 80 Seiten.
Bd.30. Urkundensammlung (US) PfA St. Wendel von 1506 - 1960, 1993, 120 Seiten.
Bd.31. Regesten der (US) PfA St. Wendel von 1304 - 1960, 1995, 61 Seiten.
Bd.32. Einwohnerbuch St. Wendel I. Vor 1500 bis 1800, 1994², 400 Seiten.
Bd.32. Einwohnerbuch St. Wendel II, III, IV, 1800-1880, 1995/1996, 290; 62; 135 Seiten.
Bd.33. Weltbild und Bild des Menschen nach Gn 1-3, und Meditation, 1998, 72 Seiten.
Bd.34. Meditationen, 1998, 140 Seiten.
Bd.35. Apostelberichte in Gedichte, 1999, 92 Seiten. Bd.37. Buntes Allerlei, (Gedichte),1999.
Bd.36. Bibelbriefe in Gedichte, 1999, 67 Seiten. Bd.38. Reisegedichte, 1999/2001.